SILENTES

Salut Navarro Girbés

SILENTES

versos y *trazos*
EDITORIAL

versos y trazos

EDITORIAL

COLECCIÓN VERSOS DE YEDRA, VOLUMEN IV

Ilustración de portada:
Fabrizio Lamoncha

Dirección editorial:
Ángela Simó Huerta

© Salut Navarro Girbés

© ATALANTE EDITORIAL S.L.
c/ Fray Junípero Serra 70, 3º bajo izq.
46014 Valencia -España
Telf. Fax: +34 962 061 121
literaria@versosytrazos.com
www.versosytrazos.com
versosytrazos-editorial.blogspot.com

ISBN: 978-84-935727-9-2
Depósito legal: BI-2776-08

Impreso en GRAFO S. A.

IMPRESO EN ESPAÑA • UNIÓN EUROPEA

A mi familia, siempre protegida
por mi Azul, Mar, Luz.

PRÓLOGO

La línea poética se plantea ya desde el inicio, a través de una doble perspectiva provocada por la indecisión que comporta la resolución de la duda, surgida desde el interior, desde el alma del poeta que se desdobla. Esta dualidad será la clave de todo el poemario. Toda la obra es dual, ya que nace de la lucha interna que lleva al poeta a traspasar el límite y a exteriorizar el silencio que la aniquilaba.

Su poética es un constante binomio:
Silencio-Palabra
Tierra-Mar
Tiempo-Eternidad
Muerte-Vida
que se resuelve en un estremecedor deambular por el linde de su propia alma que se debate entre "El mar infinito" y "La tierra a la que siempre regresamos", en un continuo surgir y resurgir de la duda.

El mar es una constante un toda su lírica, mar hacia el que escapa en su intento de salir del letargo existencial que la rodea. Mar como sinónimo de paz, de libertad, de vida. Mar como confidente, con quien dialoga y a quien confiere sus más íntimos secretos. Pero en definitiva, un mar del que siempre debe regresar. Este mar, que adopta a veces formas humanas, la convierte en "ave blanca", en un intento de sobrevolar el límite y no quedar relegada al olvido, a la nada. Será esta percepción, este temor a la desmemoria, la que le llevará a romper su sigilo, con el fin de que éste, producto de lo no dicho no llegue a convertirse en producto de lo no acontecido.

Para la autora, la poesía siempre fue una necesidad, crea con el objetivo de llenar el vacío existencial acaecido por el silencio impuesto como hábito, como norma de vida ante la cual se rebela. La poesía es vista por ella misma como "Un timonel de esperanzas", esperanzas que crecen ahora con la publicación de éste, su primer libro que ella ha titulado "Silentes", como recuerdo a los silencios no compartidos, a la soledad desmesurada, a la monótona cotidianeidad.

La obra de Salut Navarro podría definirse como poesía intimista, poesía desnuda, de una sensibilidad inconmensurable a través de la cual el poeta reflexiona sobre su alma, despojando su Yo poético.

La obra es dual también en cuanto a la forma se refiere. La dualidad se nos presenta, por un lado a través de sus versos y por otro mediante la prosa poética; estructurado todo en tres partes y con una temática común: el silencio, el mar y la muerte.

Poemas como: "Intuición" o "Silente" y escritos como: "Mi mar" o "El Espejo", reflejan claramente esta perspectiva.

Silencio, soledad y muerte, llenan las páginas de este poemario en la búsqueda de la abstracción pura.

La parte central, está compuesta a la vez por lírica propiamente dicha y prosa poética; marcando una vez más la dualidad que acompaña a toda la obra. En "Te regalo pequeñas historias de duendes" la autora dialoga con personajes de la vida cotidiana, en un tono espontáneo, alejado de la línea intimista adoptada en las otras dos partes que componen la obra.

Salut Navarro, con la publicación de su poemario ha visto realizado uno de sus sueños al tiempo que ha pronunciado sus silencios callados. Como ella misma afirma: "Estoy llena de silencios, pero aún me quedan algunas palabras".

Valencia, septiembre de 2008.
Ángela Simó.

SILENTE

En ti existo.

EXISTE
Hay un lugar ignorante
de mundos grotescos.

PERDIDO
Omitido por mapas
y cartógrafos amnésicos.

OCULTO
Cobijado en bóveda arbórea
el follaje abrazado custodia.

VIVO
Agua engendrada en serranía,
esculpe arroyos juglares.

ARMÓNICO
Medran melodías exquisitas,
orquestadas por romances.

ENAMORADO
Anfitrión insaciable de amor.
Seductor eterno e inconsciente.

AMANTE
Canto terrestre inductor de pasión,
cautiva, alberga nuestras almas...
                    SILENTES

SAUDADE

Saudade, dueña del sueño
Sinuosa yedra
Serpiente sibilina
Silenciosa carcelera

Añoranza, mensajera del tiempo
Anunciadora de ausencias
Amante de la sierpe
Ábaco de bellezas

Nostalgia, concilio de los afectos
Navío sin estrella
Náufrago desesperado
Nacimiento sin fecha

Melancolía, amiga del recuerdo
Memoria evocadora
Marinero sin destino
Mañana sin aurora

Soledad, desatada por el viento
Sinuosa yedra
Serpiente sibilina
Silenciosa carcelera

EL SILENCIO...

El silencio es la primera piedra
del templo de la filosofía.

Pitágoras

CAMINA transparente y descalzo
Instantes de existencia
Deviene profundo, sosegado
Usurpa y atrapa el tiempo

Confidente y amigo manifiesto
Rémora a la evidencia
De algarabía hastiado o molesto
Poeta amable, mudo

Imperturbable, perenne al mundo
Voz, palabra en esencia
Presente misterioso al futuro
Círculo enamorado

Acorde musical sincopado
Efímera presencia
Inventa colores con las manos
El silencio es como tú

    Azul

    Mar

    Luz

POETA

La vida, cabe en un cuento.
La verdad en un decir.
El mundo en un pen. amiento.
José Bergamín

Malabarista
de palabras

Amante
de senderos

Timonel
de esperanzas

Trovador
de sentimientos

Anfitrión
de ternura

Peregrino
de sueños

Profeta
de locura

Ilusionista
de miedos

ISLAS VÍRGENES

En mi mano izquierda tengo el mar infinito,
poseo en la otra la tierra a la que regresamos.
Caudal furioso enerva, aflora.
Nuestro ser retorna en armonía serena.

Tus ojos sonríen,
tus labios acarician
y tus manos observan, recorriendo
las islas vírgenes de mi planeta.

El mañana se convierte en el hoy de la esperanza,
el pasado ya es una puerta cerrada.
Mi vida se conjuga bella, verbos compartidos
en la unidad de dos almas gemelas.

INERTE

En la tiniebla vivo tu ser más alejado.
En la tiniebla duermen las razones profundas
de mi muerte.
Juan E. Sanchis Girbés

Mis pasos resuenan.
Resuenan entre las palabras silentes de los muertos.
Ángeles blancos
y mármoles anunciadores de desgracias,
dejan ver las imágenes que cuentan sus historias.

Grisáceos veteados de colorido floral,
destellos de sol sobre cruces sentenciadoras,
envoltorios de cuerpos yermos y rotos que hablan
a través del gorjeo de los pájaros
y del viento que murmura entre hojas de cipreses.

Perennes y serenos
velan procesiones de lágrimas,
en pos de maderas vírgenes
que ocultan ojos vidriosos
y la recién estrenada hiel.

Coronas de rojo sangre desfilan
ante el dolor impotente
y recuerdos que difuminan los relojes,
mientras el tiempo consume implacable
las miradas perdidas e inertes.

Negra, oscura, traicionera.

¡Tú! La innombrable
¡Maldita muerte!

NOCHE

La gran tumba de la noche
su negro velo levanta
para ocultar con el día
la inmensa cumbre estrellada.
Federico García Lorca

Envuelta en seda
y rosas de espina rasgada,
majestuosa y quimérica,
amaneces engalanada.

Viajera errabunda
en la tregua del camino
brindas por la sangre
besando tu filo.

Despuntan,
cuchillos y navajas
tiritando como el frío
envuelto entre mortajas.

Noche

Dulce noche de los néctares.
Noche abandonada en destierro.
Oscura noche aniquilada.

Noche

Tu mirada se estrecha,
deambulando,
antojadiza,
enlutada.

CARICIAS EN EL AIRE

A Vicent Navarro
Maestro de vida

Manos de cristal.
Vigoroso amante
que acariciando los hilos de tu vientre,
emergen victoriosas salvas de notas
y preñan el azul en canto triunfal.

Manos de cristal.
Temblorosas blancas palomas
que remontan y surcan el aire,
buscando el eco del ayer
bajo un cielo gris vertiendo lágrimas
por recuerdos vanos que cantan su óbito.

Manos de cristal.
Dulce canto de sirenas
que hechizan y atrapan el alma
con alegre recuerdo del tiempo.
De tu tiempo.
De nuestro tiempo.

Manos de cristal.
Que no pueden,
no quieren...
decirte adiós.

CREPÚSCULO

A Xelo Girbés
Maestra de vida

Buscas en ti y en la luz,
añoranzas perdidas.
Pasado
Niñez
Juventud

En túneles siniestros,
de tinieblas conocidas.
Laberínticos
Fríos
Maltrechos

Implacables relojes,
disparan tu tiempo.
Crueles
Distantes
Insomnes

Cuerpo roto y ultrajado,
impotente al silencio.
Confuso
Perdido
Quebrado

Destino injusto,
inflexible y desatento.

Agotado
Nocturno
Concluso

VEJEZ
Jurado y juez

ENCADENADA

*A Nuria y Vicent, por su
fortaleza y unión*

Incansablemente
bordas con filamento único,
en trenza fina
de suave tacto,
resistente hebra
de seda irrepetible.

Gestas y naces
mudando imparable,
metamorfoseando,
cambiando tu aspecto
emergiendo bello,
regalando tu don.

Y yo,

prendada entre tus telas,
atrapada en tu mirada,
apresada por tu piel,

descanso,

esclava de tu ternura,
atada eternamente por
cadenas de seda y miel.

OTOÑO POÉTICO

Hojas blancas
desprenden
otoños poéticos.

Tonalidades oscuras
impregnan
trazos de llanto.

Campanas dormidas
rezan
nanas tempraneras.

Entrañas yermas
plañen
suaves nodrizas.

Miradas vacías
arrullan
simientes frustradas.

AMORES baldíos
Pasiones estériles
Sentimientos infecundos
Corazones áridos

AMOR amante
Regado por ríos
Embestido de entrega
Otoño poético

CRISTALINO

El mar Mediterráneo es un hombre
disfrazado de mar.
José María Gironella

Emerges de las aguas
tornando de un pasado veloz,
para descansar tu alborada
en mis párpados descubiertos.

Color miel te advierten.
Serenos y transformados
en miradores del olvido,
rindiéndose a tu muda voz.

Grave, entona el silencio.
Mecenas de la fortuna
que habita en el eterno pozo
de uñas y manos descarnadas.

Agarran la vida hambrienta,
arañan sedientas los desvelos.
Enraízan tu cuerpo cristalino
para proteger el aliento voraz.

Aliento vivo jadea.
Una sola boca.
Un único corazón.

CREACIÓN

A mis hijos

MANOS CREADORAS
esculpieron
tu corazón infantil.

Desbastado con
firmeza

Esculpido con
afán

Pulido con
amor

CANTOS CÁLIDOS
entonaron
tus ojos negros.

Luminosos
Almendrados
Sinceros

PALABRAS DULCES
murmuraron
hermosos sueños.

Coloridos
Gozosos
Ingenuos

ENTRAÑA VIVA
Custodiada
Venerada

En ti existo
Fuerza
Destino

AÑORANZA

Que no hagan callo las cosas ni en el alma ni en el cuerpo,
pasar por todo una vez, una vez sólo y ligero,
ligero, siempre ligero.
León Felipe

Defiendo mi sosiego en el manantial
de los ocasos,
la sombra me precede,
persiguiendo el olvido
mudo e inerte.

Arrastro légamo de azul tiniebla,
hiriendo la memoria
a dentelladas,
cavando mi destino
en tu coraza.

Alcanzo tus manos sobrevenidas
en la alborada,
escondiendo tu tiempo,
—regazo traicionero—
en mi añoranza.

INTUICIÓN

Para el mar, profundo y silencioso.

En la abstracción de mi pensamiento
te encuentro absorto en tu esencia,
araño las albas no vividas
agotadas ya en nuestras quimeras.

Un canto extrañamente seductor
me convierte en ave blanca
para llegar a tu puerto y besar
las alas que te permiten volar.

La tristeza me cubre y me descalza,
mi soledad bate en tu corazón
trazando arco iris en la hierba negra,
y advirtiendo que mi destino es el mar.

MIENTEN

A Juan E. Sanchis Girbés
Maestro literario

Batas blancas dicen que has muerto,
que tu último aliento ha expirado.
Emblemático y simbólico
transciendes a tu propio ser,
y expandes tu fuerza al viento
que mueve gigantes y molinos.

...Y te yergues sobre tu caballo,
altivo, noble, sincero, digno.
Por lanza, una pluma afilada.
De escudo, innata honestidad.
La honra, libertad blanca.
Arte, como lucha e himno.

Tu prisma ante la vida, zurdo y caleidoscópico,
te transforma en amenazador de miradas hipócritas.
Rey de los locos,
loco en presencia de fariseos,
cuerdo-loco por sabio, por bondadoso, por tierno.
Eres amor infinito.

Acaricio el pelo negro, la barba entrecana.
Frente tibia en lágrimas bañada.
Agua salina de horizonte vital y sombrío.
Permanezco en tu ribera,
en tus manos que se tornan frías, amarillean.
Mis palabras trenzadas con respuestas silentes.

Escudero soy, sé que las batas blancas mienten,
como se equivocó don Miguel.
¡Don Quijote no ha muerto!
Yo quiero ser loco,
privilegiadamente loco,
cíclope sabio de sensibilidad eterna.

Hoy dicen que has muerto,
y encierran tu cuerpo en un sepulcro gélido, mudo, oscuro.
Mis ojos te persiguen y mi alma queda presa contigo
entre las cuatro claustrofóbicas paredes de tu silencio.
Festones negros adornan el cielo.

Testigo e indigna de tu pluma
armaré el valor con lanza aguda,
tejiendo sentimientos con palabras esenciales,
aullando al vacío las que jamás se pronuncian.
Perdurarán nuestros silencios compartidos,
que hablarán de nosotros con el tiempo como vestigio.

Tú, mi Quijote, que siempre fuiste libre,
hoy te escapas galopando.
Y yo tu fiel escudero, te serviré y te seguiré sin dudarlo
cuando llegue el momento, allí estaré contigo.
¡Cabalga!
¡No mires atrás!
¡Cabalga libre Quijote mío...!

HACIA NINGÚN LUGAR

Hoy no ha venido nadie;
y hoy he muerto qué poco en esta tarde.

César Vallejo

Hacinados mis temores
quiebra mi entraña
enarbolada,
augura desazón,
guardiana del lamento.

La noche se cierra
con el color de mi piel.
Advierten ojos transparentes
convertidos en espejos
de mi enlutada hiel.

Brama enloquecida
interpelando al destino.
Trocada en enemiga
la mar arrulla el fin
del nonato adormecido.

Garras animales arañan
la vida escurridiza.
Almas que sucumben
amotinadas e insurrectas
en rebeldía clandestina.

Azabache y asolada
te respiro salobre.
Ondulando en tu paz,
persistimos viajeros
hacia ningún lugar.

ÁFRICA

Hoy estuve en África, como tantas otras veces...
Manos emprendedoras
se afanaban
en construir escuelas,
sembrar campos,
vivir miserias.

Hoy estuve en África, como en muchas ocasiones...
Compartí sonrisas,
juegos,
algarabía pueril,
muñecas de trapo
y un sol que no tiene fin.

Hoy estuve en África, como infinidad de días...
Corazones nobles,
vidas intensas
les aman.
Vacunas y mosquitos,
enfermedades se sacian.

Hoy estuve en África, como todas las noches...
Los ojos de una niña
preguntaron
con curiosidad,
si era yo su madre,
no quiso el azar.

Hoy estuve en África...
Y una mirada clara
me perseguía.
Observada por una sonrisa
que recorre el mundo.

Un profundo corazón.

Profundo como la misma África.

Hoy estuve en África, como siempre he estado.
Dormida,
entre abrazos
de niños, hombres, mujeres
de almas desnudas,
y cuerpos quemados.

Nunca he estado en África ni lo estaré jamás.
Niña mía,
dile a tu mirada
que no interrogue más.

ÁFRICA
Cuida de mí.
Lágrimas de amor
resbalan
en mi corazón infantil.

Estoy llena de silencios, pero aún
me quedan algunas palabras...

Silente

Escucharte azul

Aprenderte lánguido

Albergarte armónico

Constelarte

Silenciosamente

Duende

Poblador de mi isla
te protegeré siempre

Nunca naufragues

Báñate en la profundidad
en la orilla de mi mar

DUENDE INVISIBLE

Caminando entre ramajes creí ver algo que escapaba. Mi curiosidad lo persiguió y aunque no se mostró en su totalidad, lo reconocí. Desde entonces siempre me acompaña y en mí reside.

Labios generosos que acarician las palabras más delicadas. Mirada sonriente que atrapa mi corazón, convirtiendo en sueños fascinantes la realidad tangible.

Ahora, es éste duende en el que me baño, el que me impulsa con la fuerza y bravura de su oleaje.

Como ser mágico que es, tiene la misión de interpretar y diferenciar entre arte y realidad. Existe una línea que los divide, pero a veces es tan sutil que se difumina y el arte parece real y la vida se convierte en arte.

MI AMIGO SABIO

Para mí sola (la pluma) nació Don Quijote
y yo para él;
él supo obrar y yo escribir;
solos los dos somos para en uno.

Don Quijote de la Mancha
Miguel de Cervantes Saavedra

Recuerdo con total perfección, cuando mi amigo sabio me quiso hacer un regalo. Dijo que grabaría mi nombre en la pinza de mi lápiz metálico. Cogió algo que parecía un bolígrafo con un cable y así lo hizo. Yo miraba su pelo negro y sus manos anchas, e impaciente por ver el resultado lo cogí de inmediato. Nunca olvidaré su cara de preocupación observando mis manos de niña. Todavía hoy no sé, si aquella especie de bolígrafo quemaba o cortaba, pero aunque yo insistía en que no me había hecho daño —esperando la comprensible reprimenda que no llegó— él me miraba con incredulidad.

La entrega con sus manos del lápiz grabado, resulta en la actualidad simbólica y causal, porque entre las palabras del maestro que siempre flotan en el aire, resuena que "la casualidad no existe..."

La percepción de mi amigo sabio, siempre me llenó de energía positiva. Su sentido del humor, su alegría y su risa de niño travieso me alojaban en un mundo más seguro y tranquilo. Y hoy todavía, lo imagino concentrado en alguna cuestión literaria, acariciándose bigote y barba, o sorprendido por algún motivo entrelazando sus manos en el pelo, y lo imagino..., simplemente lo imagino.

Sí, él es mi amigo. Sabio lo fue siempre.

Hoy, yo soy su duende...

MI NIÑO VIEJO

Podrán cortar todas las flores,
pero no podrán detener la primavera.
Pablo Neruda

Él siempre me quiso por lo que era y por lo que no era, por guapa y por fea, por silenciosa y por inquieta, por ángel y por diablo.

Apodado "El Balandro", aún hoy no sé el motivo de tal mote, pues nunca vi embarcación alguna ni aspecto de marino en él. Aquel niño viejo me adoraba, y recuerdo con claridad su forma de mirarme con sus pequeños ojos despiertos y su eterna media sonrisa de cómplice infantil.

Su cruel vejez le robó recuerdos, independencia y salud pero nunca vitalidad y pasión por la vida. Rebelde en su infancia senil buscaba siempre mi compañía, existiendo la otra cara de la moneda que estaba impresa en los gruñidos que le regalaba a mi hermano, sin motivo alguno, excepto el de no ser yo.

Su caminar se volvió torpe y lento y me cogía de la mano como buscando el aplomo que yo le negaba por causas egoístas al tirar de él para llegar con rapidez a nuestro destino. En alguna ocasión aquel hombre comprensivo hasta lo insospechado estuvo al borde de un ataque que se hacía evidente por su cara rojiza y el desasosiego de los que nos veían pasar.

Una vez, sin intención, rompí su reloj favorito; en otra ocasión dejé escapar su palomo ganador..., recuerdo tantas aventuras acontecidas e incluso alguna traicionera como la oscuridad, de las que no dudan en pasar factura.

El viejo lobo de mar —aunque sólo lo fuera por su apodo— me pidió que de forma secreta me deshiciese de un billete de tren que lo acusaba probablemente de buscar cantos de sirena en la capital.

Entre mis manos pesaba como una losa y tal responsabilidad me hacía sentir confusa, porque fuesen cuales fuesen las opciones de resolución que podía tener una niña de mi edad, el instinto, el olfato o no sé muy bien qué, me decían que no existía ningún secreto que guardar y le traicioné. Le traicioné... Y aunque mi duende omitió la gravedad de la falta mi destino me condenó perpetuamente a no soportar la traición.

En nuestras pequeñas y grandes aventuras no le faltaron motivos de enfado, pero jamás le conocí una mirada de rencor, un reproche; siempre esa media sonrisa y esos pequeños ojos incapaces de odiar, sino de amar a toda costa con el amor más puro que existe, el de los niños.

. Mi eterno niño, mi eterno viejo, mi duende... Mi abuelo

MI MAR

A Isabel Balaguer

Allí me quedé, observando indecisa. Al viento le faltaba fuerza para empujarme hacia él.

Su negrura e inmensidad me paralizó, pero mis pies decidieron invadir su territorio y perturbar su descanso, mi cuerpo se dejó llevar. Sus aguas eran frescas y el mar, sabio e insomne me saludó con manos oscuras y alegres.

En mi desnudez, me acogió como un amante, acariciándome con mil lenguas, con mil manos, con mil besos... Me susurraba secretos y entonando nanas me enamoraba con su aroma de simiente de vida.

Detuvo el tiempo para mí. Me regaló la paz, la eternidad. Me limpió de angustias, desengaños, mentiras y traiciones. Renací en soledades compartidas.

Observados y envidiados desde las alturas, en mi entrega lúcida y absoluta le pedí que me llevara. Eterna sirena... Abrazándome me devolvió a la tierra. No existe el olvido. Era suya, y prometió que algún día me convertiría en su criatura predilecta.

EN ALGUNAS OCASIONES

A veces somos cuatro, otras siete, algunas incluso cien; pero en ocasiones... en algunas ocasiones sólo somos dos. Y es allí donde el tiempo muere en tu mirada y el aire no se deja respirar. Solos, tú y yo, no existe nada más que las silenciosas palabras que no necesitan pronunciarse. Instantes únicos, áureos, permanentes más allá de los sentidos y lo mundano.

El tiempo se convierte en enemigo y volvemos a ser cuatro, y siete, y de nuevo cien. Paseo observándoles, veo ancianos jóvenes con cuerpos quebrados de gesto sereno, ancianos viejos que miran con hostilidad su temeroso fin, adolescentes ansiosos de rápido caminar hacia destinos indefinidos, jóvenes resueltos de paso firme dibujando sueños de futuro, bebés sonoros de suave ternura impresa, niños vitales en exceso, ojos almendrados, manos ajadas, cabellos sucios, sonrisas forzadas, miradas pidiendo auxilio; escucho silencios, siento bondades, huelo el miedo, disfruto ternuras y caricias.

El mundo y su gente se transforman en marionetas de teatro, y de repente, algún privilegiado sobresale iluminando el escenario, pareciendo a los ojos inexpertos un inadaptado. Entiendo entonces que es mejor aliarse con el tiempo silencioso que ser su enemigo.

Estás lejos... dicen que la distancia es el olvido, pero no tanto la que se mide en kilómetros como la que se mesura en soledades. Y te recuerdo, encantador de serpientes, personaje oriental, que con tu mágica melodía hipnotizas a la serpiente indócil y la haces danzar al son del sueño y la ternura.

Sigo observando. Me rodea una multitud tan bulliciosa como solitaria. Te pienso. Rememoro una y otra vez que a veces sólo somos dos, pero en únicas, especiales y privilegiadas ocasiones... en algunas ocasiones, en absoluta plenitud... soy sólo una.

ARTE

Voz elegida, evocadora, inspiradora de sentimientos profundos; acaricias el corazón y calas en el alma. Registros envolventes de tal intensa belleza, que el verbo incapaz de discernir, invoca al silencio sagrado.

Manos, que plasman en el lienzo eventos tan sensibles como emotivos. Colorido, formas, perspectivas capaces de convertir el aliento en sosiego inmortal y los ojos en miradores del infinito.

Palabras, lenguaje de poeta, edificas los cimientos del sentido, trenzando la beldad de tus mudos sonidos con estocadas de pasión y sabiduría.

Música, poesía, pintura... Arte. Libre, virtuoso, fecundo, exquisito. Desprecia la vulgaridad. Imponte sobre lo terrenal y regala, magnánimo, a nosotros los necios tu imperecedera genialidad.

EL ESPEJO

Hoy me levanté de mi sillón y me quedé allí sentada. Quedo libre de mi cuerpo y de pie, desde la otra parte de la habitación observo largo rato a la mujer que ahora lo posee. Reclina la cabeza con gesto grave y concentrado. Me sorprende su profunda fealdad. Descubro que no soy como me veo en el espejo. Me horroriza mi visión. El reflejo devuelve la imagen que deseamos ver, pero no la esencia. La estancia se hace pequeña y el ambiente viciado se condensa por momentos haciendo el aire irrespirable.

Y escapo, salgo a la calle. Los escaparates relucientes muestran hombres y mujeres que caminan hacia distintos lugares, pero al mirarlos, sus rostros se convierten en máscaras oscuras detrás de las que se esconden con hipocresía. Sólo los niños y algunos ancianos son fieles al destello del cristal. No me gusta la ciudad, su gente y asciendo libremente a las alturas aspirando el viento fresco. Desde arriba todo se ve diferente; diminutas hormigas se apresuran a ensuciar la tierra y embisten contra el cielo grisáceo que grita impotente.

Describo giros en el aire, me dejo caer en picado para luego remontar, disfruto de la ingravidez. Mi nombre resuena en la gran tormenta eléctrica que se desata, y subo, subo para penetrar en ella extendiendo mis manos. Entre convulsiones y convertida en energía soy capaz de sentir el amor y el sufrimiento más extraordinario. Soy capaz de ver.

Capaz de ver lo que los voluntarios invidentes no quieren entender.

Desciendo para sobrevolar mi mar enfermo; acaricio su tristeza como él lo ha hecho tantas veces conmigo. Me sumerjo en sus profundidades, recorro sus secretos, salgo a la superficie y juego con él como cualquiera de sus criaturas, pero debo regresar.

Y vuelvo a mi habitación para recuperar el cuerpo de aquella mujer triste sentada en el sillón. Me siento confusa, busco un espejo, toco mi cara con los dedos sin observar alteración alguna, aunque mis ojos tienen un brillo especial. La habitación persiste pequeña, convulsa y escapo de nuevo a la calle. La gente actúa con la normalidad de la cotidianeidad conocida y monótona. Camino con lentitud, hoy no tengo prisa; un perro se me acerca juguetón y me lame, un anciano me saluda y un niño me sonríe. Quizá y solo quizá, mi espejo se esté limpiando...

IGNOTA E INNOMINADA

Un día tuve Nombre, tenía un camino en el que paso tras paso andaba con la seguridad de la ruta trazada, la tranquilidad del sendero conocido, del destino certero. Me convertí en peregrina extenuada, la oscuridad extendía su silencioso vacío, la sequedad amenazaba con quebrar de un soplo mi cuerpo y descansé el tiempo suficiente para decidir entre dos direcciones, el redil o la tierra de nadie.

Descubrí que la pasión y el amor por la vida son el fruto de la senda; la incertidumbre en la pisada, el aliento de las almas libres. Así que rompo mi cárcel de cristal, preciosa y cómoda, desde donde tengo una visión absoluta pero mis manos no logran alcanzar. Abro mi ventana. Respiro la brisa marina, me dejo invadir por olores, sonidos, colores, sabores, hambrienta de sensaciones vuela mi corazón más visceral hasta ti.

Te invito a pasar, para que me veas transparente, me huelas, te impregnes de alegría si estoy feliz y hacerte llorar si mi alma se empapa de tristeza y soledad. Mi sagrada pluma ha despertado, aunque mi mano indigna de ella, le será honesta. Desempolvaré la biblioteca de mi memoria, donde se amontonan los afectos y desengaños, alegrías y temores, delirio y ternura. Cada libro será leído en su momento, porque hay un cuento en cada historia, un amor en cada fracaso, un desengaño en cada amor, un deseo en cada sueño y un sueño en cada vida.

Camino, es hora de seguir caminando, con destino incierto como todos los destinos, pero me dirijo a Él. Llegó el momento. En Él me sumerjo. Su horizonte es mi meta, su bravura mi valentía, su color mi serenidad.

Hoy en sacramento, le entrego mi desnudez, me adentro en sus aguas. El Mediterráneo pregunta mi nombre, y como niña indefensa le contesto que todavía lo busco. Sabio y juicioso, mi mar cambia el sabor salado por agridulce, ante los gemidos del viento, para bautizarme, quizá como castigo, quizá como prueba, como Ignota e Innominada.

UNA PECERA EN EL ACUARIO

Para Jordi

Acerco mi cara al acuario, enfoco mis ojos con perfección a su figura rectangular y consigo la ilusión perceptiva de un hermoso fondo marino, donde reina la vida, el movimiento y una gama de colores indescriptible que cualquier artista desearía para su paleta de acuarelas. Como si de una obra de arte virtual se tratara, bajo su fondo verde vida y marrón tierra, aletean con desorden equilibrado, azules turquesa, amarillos indiscretos, añiles vaporosos, rojos desafiantes, naranjas atrevidos, fucsias, ocres y lavandas, entre un arco iris inagotable. Y mi mente se llena de colores, y repite: Aguamarina... Aguamarina...

Con sus espectaculares aletas-cortina, *Betta* desfila brillante, orgulloso y seguro por su mar. Muestra a sus compañeros y amigos su interminable colorido, y describe giros burbujeando con originalidad y alegría. Entre sus múltiples movimientos, choca contra algo que no existe, con curiosidad innata, descubre un orificio en la parte superior y entra para encontrarse prisionero en un lugar invisible que no le deja escapar. Asustado por la falta de albedrío, busca de nuevo la salida y sube; sube a toda velocidad, para alejarse de aquel encierro angustioso. Al llegar a la superficie, genera un nido de burbujas y exhalando, salta para sentirse libre en su propio aire. No existe la libertad, no está en el mar, sigue encerrado en su colorida cárcel de cristal. Falsa agua. Falso mar. Falsa vida...

Observa a sus compañeros relajados y felices en su ignorancia, donde la verdad no existe, y el tiempo no tiene prisa. Y él, absorto en sus pensamientos busca refugio en la pecera del fondo, en la que traicionado y solitario reflexiona sobre su imaginaria existencia.

LA SOLEDAD DE PENÉLOPE

A Magda

Amanece, y con la luminosidad ascendente del alba y su mezcolanza de color, dibuja y construye de forma paulatina una fortaleza en su corazón. El tiempo teje, incesante, con hilaturas finas y coloridas, entrelazando las hebras de su existencia florida entre jardines y corales. Así transcurre la larga espera.

Es sombra, mujer y niña, aliada eterna de la soledad. Silenciosa y protectora amiga, la melancolía convertida en hiedra, envuelve y aprisiona dulcemente su cuerpo y la seduce para siempre.

Quién observó su mirada infinita, sus manos infantiles, su gesto delicado; quién susurró a su corazón un gesto amable, un sincero cariño. Quién vio a la madre y no a la mujer, quién descubrió a la niña.

Con la llegada del ocaso, desteje el tiempo regresando al pasado. Suelta sus cabellos y danza descalza bajo la luna serena. Bañada por su luz blanca albina, imprime la arena con sus huellas. Allí espera su amante imperturbable e infinito, el dolor de sus entrañas. Embriagada de mar, ansía el resurgir de las aguas nocturnas. Con el sabor de la sal, sólo el viento la saborea rozando su cuerpo, murmurando secretos que los dioses desconocen.

Clara y oscura, serena y ardiente, dueña de sus noches blancas y esclava de sus días sombríos. En su larga espera olvida su fin y su destino. La aurora la sorprende tejiendo pensamientos con soledades. Y amanece. Es hora, ya es la hora de alzar de nuevo un muro en su corazón, al compás de una luz que ya se perfila.

EL SILENCIO DEL VIOLÍN

Para un corazón de poeta, José Fuentes
y un alma libre, Ángela Simó.
Ilusionistas de sueños.

Violín, madera noble, color caoba, huelo a barril nuevo; mi cuerpo aparentemente de mujer, es atravesado de principio a fin por un mango elegante que finaliza en una voluta magnífica. Con la barra armónica que poseo —diapasón, puente y cordal hacen de mí un instrumento sublime— y acompañado del arco que se erige a mi lado, soy capaz de crear con cuerdas orgullosas los sonidos más emotivos y extraordinarios que oídos y mentes inteligentes puedan exigir.

De entre el amplísimo escaparate humano que presencio todos los días —hombres, mujeres, altos, bajos, gruesos, manos finas, oídos agudos, voces potentes, miradas interesantes, sonrisas enigmáticas— la elegí a ella, pequeña y frágil como una niña, sin dotes artísticas ni talentosa; pero yo la elegí. Y lo hice por un motivo especial, por silenciosa.

Receptivo a la par que soberbio, tengo algunos sentidos similares a los humanos como mis oídos en forma de efe. Si mi decisión se hubiese basado en el sentido de la lógica, habría escogido a alguien más dotado y con mayor potencial, pero soy un violín, tengo alma; con ella me abro paso hacia la mujer silente.

Ella me observa en nuestra soledad y me teme como a los desconocidos. Sabe que sin nuestra unión absoluta, ninguno alcanzaremos a ser plenos y no confía en sus pequeñas manos. Me llama. Eso me gusta. Tengo nombre, el mejor, y así comienza nuestra amistad, que para gestar y perdurar hay que sembrarla y mimarla como la rosa germina del rosal, medrando en tierra húmeda.

Imaginamos ambos, los prodigios que seríamos capaces de contar...

"La alborada emerge en color azul añil y se eleva magnificente sobre el mar susurrante, la brisa suave suena dulce y alegre, y se aleja hacia los prados verdes con manantiales índigos como el cielo, chapoteando sus surtidores bulliciosos. La luminosidad se extiende como un manto, dando color a la vida y sugiriendo amores vivaces, estruendosos y pasionales con aroma y sabor a hierbabuena".

Silencio.

"Llueve. Lágrimas frías. Una eclosión advierte la tormenta y el rojo ardiente estalla como fuegos artificiales, con la furia eléctrica de la confusión de tonalidades unida al dolor de los amores imposibles y desengaños fatales, finalizando en un deceso negro sangriento como el perfume penetrante de la muerte".

Silencio.

"Caminamos sobre el verdor de la hierba, la melancolía nos transporta con pies desnudos y húmedos por caminos inciertos. Melancolía, dulce melancolía de gorjeo de pájaros sobrevolando nuestras manos entrelazadas por el amor verdadero. Suena la serenidad turquesa, la felicidad rosácea y la paz blanca de fragancia transparente".

Silencio.

Paciente con esta mujer esfinge que ya es mía, que me acaricia con manos torpes, manos amigas, manos honestas. Infinitamente paciente, pues la amistad requiere del adobo del tiempo para ser eterna. Respeto sus silencios que hablan en ocasiones más, que las palabras.

Mujer hermética, algún día te desvelaré mis secretos, pero antes tendrás que confesarme los tuyos, porque los secretos siempre van envueltos en papel de regalo; de regalo de silencio de colores.

Silencio.

ÍNDICE

Prólogo 9

POESÍAS SILENTES

Silente 13
Saudade 14
El silencio 15
Poeta 16
Islas vírgenes 17
Inerte 18
Noche 20
Caricias en el aire 22
Crepúsculo 23
Encadenada 25
Otoño poético 26
Cristalino 27
Creación... 28
Añoranza 30
Intuición 31
Mienten 32
Hacia ningún lugar 34
África 36
Me quedan algunas palabras 38

TE REGALO PEQUEÑAS HISTORIAS DE DUENDES

Duende 39

Duende invisible 40
Mi amigo sabio 41
Mi niño viejo 43

MAR DE VIDA

Mi mar 45
En algunas ocasiones 46
Arte 48
El espejo 49
Ignota e innominada 51
Una pecera en el acuario 53
La soledad de Penélope 55
El silencio del violín 57

Este libro se
terminó de imprimir
en los talleres gráficos de
Grafo, S.A., en el mes
de septiembre
de 2008